La interdependencia
de los seres vivos

Dona Herweck Rice

Asesoras

Sally Creel, Ed.D.
Asesora de currículo

Leann Iacuone, M.A.T., NBCT, ATC
Riverside Unified School District

Créditos de imágenes: págs.12–13 Anthony Pierce/
Alamy; págs.10–11 iStock; pág.12 (superior) Getty Images;
pág.26 Frances M. Roberts/Newscom; pág.8 (superior)
Medical Stock Photo/Newscom; pág.27 Peter Bennett/
Ambient Images/Newscom; pág.25 (superior) Reuters/
Newscom; págs.28–29 (ilustraciones) Janelle Bell-Martin;
todas las demás imágenes cortesía de Shutterstock.

Teacher Created Materials
5301 Oceanus Drive
Huntington Beach, CA 92649-1030
http://www.tcmpub.com
ISBN 978-1-4258-4659-6

Contenido

Interdependencia

 ¡Es una palabra grande! *Interdependencia*. ¿Qué significa? La vamos a dividir.

 Inter- es un prefijo, o comienzo de palabra. Significa "entre o junto". Conocer lo que significa un prefijo te ayuda a conocer el significado de la palabra.

Inter-

Como ya sabes qué significa *inter-*, ¿puedes determinar qué significan estas palabras?

- interrumpir
- interacción

Los bloques son interdependientes. Es posible que necesites muchos bloques para construir algo.

Depend significa "confiar en o contar con algo o alguien". -*Encia* es un sufijo, o final de palabra. Significa "un estado o una condición".

¡Júntalos! *Interdependencia* significa "un estado en el cual dos o más cosas dependen una de la otra".

Estos troncos son interdependientes. Cada tronco necesita de los otros troncos para que sea posible levantar la casa.

¡El mundo está lleno de interdependencia! Ningún ser vivo **sobrevive** por sí solo. Los seres vivos dependen de muchas otras cosas para sobrevivir.

Los seres no vivos no necesitan de otras cosas. Pero los seres vivos y no vivos los **afectan**. Se ven modificados por lo que está a su alrededor. Los seres vivos y los seres no vivos están conectados de muchas maneras.

In-

In- es un prefijo que significa "no". Por lo que *independencia* significa "el estado de *no* depender de nada más".

El agua es un ser no vivo. Pero todos los seres vivos necesitan agua.

Un mundo de seres vivos

¡La vida se encuentra en todas las partes de la Tierra! Dondequiera que vayas, la encontrarás. Es posible que no la veas, pero está ahí. Ya sean plantas, animales o **bacterias**, los seres vivos están en todas partes.

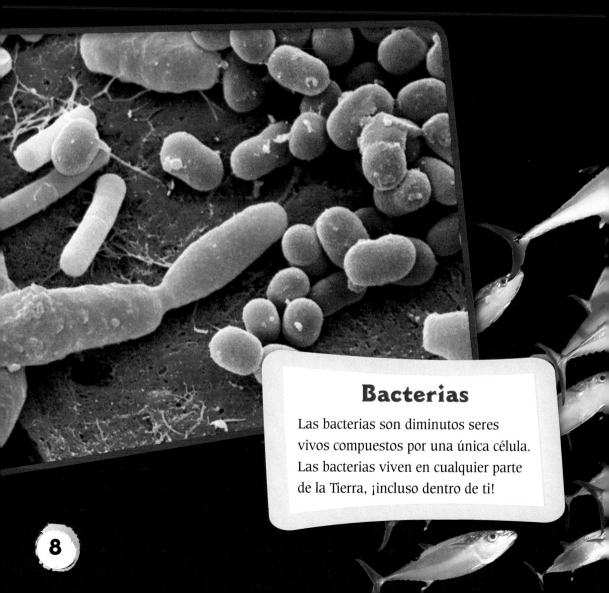

Bacterias

Las bacterias son diminutos seres vivos compuestos por una única célula. Las bacterias viven en cualquier parte de la Tierra, ¡incluso dentro de ti!

¿Viajarás por el océano? Ahí encontrarás seres vivos. Se encuentran en todas partes, incluso hasta en los lugares más profundos. ¿Viajarás por el cielo? Ahí encontrarás seres vivos. Están en todas partes, por millas hasta que llegas a las nubes. Encontrarás vida ya sea que viajes a los helados polos o a los desiertos más secos. ¡El mundo está lleno de seres vivos!

Los seres vivos pueden encontrarse en muchos lugares.

Y eso no es todo. Cada uno de estos seres vivos está conectado de alguna manera. Lo que un ser vivo hace tendrá un **efecto** sobre otros seres vivos. Algunos efectos son tan pequeños que nunca los verías. Algunos son enormes y transformadores. Pero nada, por muy pequeño que sea, ocurre sin afectar a otra cosa.

La araña encuentra su presa.

Piensa en la telaraña. La araña construye la telaraña al tejer todos los hilos juntos. Si un insecto cae en la telaraña, afecta a todos los hilos. No importa dónde se encuentre la araña en la telaraña; sabe que su próxima comida estará ahí. Los seres vivos son así. Un pequeño cambio afecta a muchas otras cosas.

Diminutos pero poderosos

Piensa en los diminutos kril que se encuentran en los océanos de la Tierra. Cada kril mide más o menos como tu pulgar. Pero los kril son el alimento para muchos tipos de vida marina. ¿Qué sucedería si una nueva **enfermedad** afectara a los kril? Comenzarían a morir. ¿Qué significaría para el resto de la vida marina? Animales tan grandes como las ballenas comen kril. Si no hubiera kril, muchos animales se verían afectados. Algunos animales marinos no tendrían suficiente comida para alimentarse. Podrían morir. ¿Qué significaría eso para nosotros?

Los kril son animales similares a los camarones que viven en el océano.

Estas ballenas
jorobadas comen kril.

El zumbido

En la actualidad, un pequeño insecto tiene grandes problemas. Este insecto es muy importante para todos nosotros. Es la abeja. Muchas plantas dependen de ella. Y muchos animales dependen de las plantas. ¡Nosotros también!

Muchas abejas se están enfermando y muriendo. ¡Y no sabemos por qué sucede! Las **sustancias químicas** pueden ser el problema. Un arácnido llamado *ácaro* puede ser el problema. De todos modos, las abejas están muriendo.

Es posible que los ácaros estén causando la muerte de las abejas.

Las abejas transportan y mueven el polen que la mayoría de las plantas necesitan para generar nuevas plantas. Las plantas dependen de las abejas. No podrían sobrevivir sin ellas. ¿Los seres pequeños importan? ¡Puedes estar seguro de que sí!

Redes alimentarias

Una de las mejores formas de ver la interdependencia es en una red alimentaria. Las redes alimentarias muestran cómo se pasa la energía entre los seres vivos.

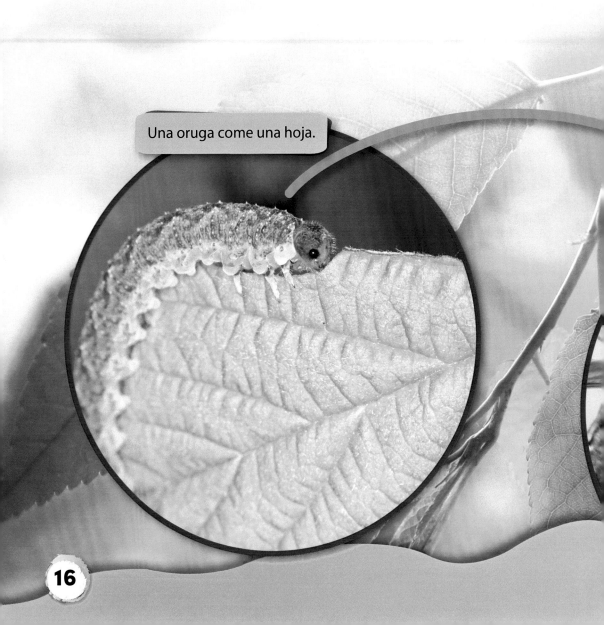

Una oruga come una hoja.

Toda la energía proviene del sol. La energía del sol ayuda a las plantas a crecer. Los animales comen las plantas. Algunos animales comen otros animales. Los animales mueren y los cuerpos **nutren** el suelo. Las plantas usan la tierra para crecer. Y así sucesivamente. Esto es lo que algunas personas denominan el *ciclo de la vida*.

Un pájaro se come una oruga.

Un gato se come un pájaro.

Todo en una red alimentaria depende de otras cosas. Si una parte desaparece, los otros seres en la red deben **adaptarse**. Si no pueden hacerlo, pueden morir.

La red alimentaria de esta página muestra cómo los seres vivos trabajan juntos. Las flechas muestran la dirección en la que fluye la energía. Todos los seres en esta red dependen unos de otros.

Seres humanos

Los seres humanos son una parte de muchas redes alimentarias. ¿Cómo crees que los seres humanos encajan?

energía

energía

energía

energía

energía

gía

energía

energía

energía

Ecosistemas

Las redes alimentarias son parte de **ecosistemas**. Los ecosistemas se encuentran en todo el mundo. Un ecosistema es un grupo de cosas que viven juntas. Está compuesto por seres vivos y seres no vivos. Trabajan juntos para sobrevivir. Se necesitan los unos a los otros.

Tres tipos

Existen tres tipos principales de ecosistemas: marinos (de agua salada), terrestres (en la tierra) y de agua dulce.

ecosistema terrestre

Cada ecosistema es diferente de cualquier otro. Tiene sus propios tipos de tierra, agua y tiempo atmosférico. Tiene sus propios tipos de plantas y animales. Cualquier cambio lo transformaría en un nuevo ecosistema.

ecosistema marino

ecosistema de agua dulce

Lo que hay en un ecosistema tiene mucho que ver con su **medio ambiente**. El medio ambiente es lo que hay alrededor de algo. El aire y el agua son parte de él. También incluye la tierra. E incluye los seres vivos y no vivos.

El medio ambiente sustenta el ecosistema. Un medio ambiente caluroso y **húmedo** puede sustentar un bosque tropical. Uno templado puede sustentar un pastizal. Uno frío puede sustentar un bosque. Uno seco puede sustentar un desierto.

bosque tropical

pastizal

Un ecosistema saludable está en equilibrio. Tanto el exceso como la falta de una cosa son malos. Es como el cuento de *Ricitos de Oro y los tres osos*. ¡Todo tiene que estar en su justa medida!

desierto

bosque

Puede ocurrir algo en la naturaleza que cambie su equilibrio. Una inundación o un incendio pueden dañar las cosas. Puede dejar de llover. El tiempo puede hacerse más frío o más caluroso.

Las personas también pueden destruir la naturaleza. Podemos talar demasiados árboles. Podemos contaminar el agua, el aire o la tierra. Podemos dañar un tipo de animal o su hogar.

Podemos cambiar un ecosistema para siempre. Es posible que nunca vuelva a ser igual. Pero recuerda, estamos todos conectados. Lo que cambiamos también nos cambia a nosotros. Lo que dañamos también nos daña a nosotros. Somos muchas piezas de un rompecabezas. Pero también somos solo una imagen completa.

La contaminación puede dañar o matar plantas y animales.

Independencia

A medida que crecemos, aprendemos a cuidarnos a nosotros mismos. Trabajamos para ganar dinero. Cocinamos y comemos. Compramos lo que necesitamos. Intentamos hacerlo solos.

Pero sin importar cuán duro lo intentemos, no podemos hacerlo solos. Nunca somos *realmente* independientes. Dependemos de las plantas y de los animales para que nos brinden alimento. Dependemos del aire, del sol y del agua para vivir. Dependemos de otras personas en la escuela y en el trabajo. Necesitamos otras personas para compartir y para amar. Necesitamos cuidar nuestro mundo y ser buenos unos con otros. ¡Nuestra salud depende de eso!

¡Hagamos ciencia!

¿Cómo se relacionan las partes de un ecosistema? ¡Obsérvalo por ti mismo!

Qué conseguir

○ bloques

○ cinta de enmascarar

○ libro o sitio web sobre un ecosistema

○ marcador

Qué hacer

1 Lee sobre un ecosistema y los seres vivos y no vivos que ahí se encuentran.

2 Escribe el nombre de cada ser vivo y no vivo en tiras de cinta. Pega la cinta a los bloques. Los bloques representarán esas cosas. Si hay mucho de algo, rotula más bloques. Si hay poco, rotula menos bloques.

3 Apila los bloques en una torre. Las cosas que más hay deberían quedar en la parte inferior. Las cosas de las que hay menos deberían estar arriba. (El piso puede ser el sol).

4 ¿Qué sucede si sacas uno o más bloques? ¿Qué te muestra la torre sobre los ecosistemas?

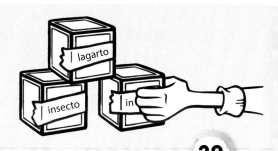

Glosario

adaptarse: cambiar para lidiar con nuevas condiciones

afectan: ocasionan un cambio

bacterias: seres vivos unicelulares

ecosistemas: todo lo que existe en determinados lugares

efecto: un cambio que se produce cuando se hace algo o cuando ocurre algo

enfermedad: una dolencia

húmedo: que tiene mucha humedad en el aire

medio ambiente: el entorno

nutren: proporcionan alimento

sobrevive: se mantiene con vida

sustancias químicas: sustancias producidas a partir de procesos químicos

Índice

¡Tu turno!

Observación de telarañas

Busca una telaraña, ya sea dentro o al aire libre. ¿Cómo está hecha? ¿Los hilos son interdependientes? Intenta hacer una red con cuerdas o limpiapipas. Cuando tocas un hilo, ¿qué les sucede a los otros?